La palabra que cambió el universo

EL CUARTO INICIADO

ÍNDICE

AGRADECIMIENTOS

Gracias a los investigadores, filósofos, místicos y maestros en la historia de la humanidad que han sentado las bases para entender el universo y el poder de la palabra en nuestras vidas. También particularmente a los integrantes del Organismo de Investigación y Aplicación de CosmoSociología que han participado en la preparación y revisión de la presente edición, como así también a los aliados y colaboradores que han aportado desde lo sutil y desde lo denso para la materialización de la presente obra.

INTRODUCCIÓN

Durante la historia de la humanidad, una y otra vez los seres humanos han repetido los mismos patrones, los mismos problemas e inconvenientes sin identificar desde dónde esos problemas son creados. Así mismo, muchos han imaginado ir más allá de aquello, soñando futuros mejores en los que el bienestar personal y general sean realidad. Sin embargo, hay algo que siguen sin saber, sin entender. Hay un factor fundamental en la creación de cualquier problema y cualquier solución del cual las personas no son naturalmente conscientes. Hay algo que falta por lo cual el conseguir el éxito y la consumación de sus sueños se hace imposible. Aquello que les falta no son las cosas a las que habitualmente les atribuirían al poder para detenerlas. No me refiero al dinero, suerte, personas ni algún factor externo. Eso de lo cual carecen está más cerca suyo de lo que creen y es algo que siempre les ha acompañado mas nunca habían reparado en su verdadero valor. Es algo que ya creen conocer, por lo cual nunca lo reconocen.

Te invito a pensar en lo siguiente: ¿cómo haces para entender lo que estoy diciendo? ¿De qué sirve que leas o escuches esto? ¿Qué sucede en ti y, por ende, en el universo cuando te relacionas con una palabra? ¿Recuerdas la primer palabra que dijiste en tu vida? ¿Recuerdas las palabras más bonitas que alguien te haya dicho?

A través de la palabra nos comunicamos con los demás y a la vez con nosotros mismos. El propio acto de pensar implica producir palabras en nuestras mentes, las cuales van conformando discursos que constituyen nuestros sistemas de creencias e idiosincrasia. Mientras pensamos nos escuchamos pensando, reflexionamos y entendemos.

Las palabras tienen el poder para representar cosas imaginarias o concretas, del pasado o del futuro, de aquí o de más allá. La palabra *flor* no es la flor material ni la idea de una flor mas, sin embargo, nos hace pensar en ambas y generar una vivencia al respecto. Las palabras vinculan ideas con sonidos, lo interno con lo externo, lo sutil con lo denso, lo metafísico con lo físico. Las palabras son el puente que nos permite dirigir nuestra atención y establecer relaciones complejas, generar ideas extensas y promover acciones concretas basadas en ellas. Nuestros pensamientos son imágenes traducidas a palabras en nuestra mente. Así como asociamos palabras con ideas, también las anclamos a emociones y acciones.

Según cómo llames a lo que estás pensando, generas emociones y, en consecuencia, reacciones físicas inmediatas. Si pierdes un objeto y piensas que eso «está mal», según la visión científica es probable que inmediatamente tus glándulas comiencen a segregar cortisol, te sientas estresado y disgustado, tus músculos se tensen y alteres tu forma de actuar. En cambio, si pensaras que perder el objeto «está bien», la respuesta emocional y física sería diferente.

Esa virtud conectiva y aglutinante de la palabra fue la que nos permitió evolucionar durante los estadíos de nuestras experiencias humanas individuales y colectivas, y nos permitió generar representaciones y mapas mentales de cómo funciona el mundo, para qué sirve cada cosa y quiénes somos nosotros. Por eso, conocer palabras, comprender sus significados, aplicar palabras de formas diferentes y crear nuevos términos nos habilita a avanzar hacia nuevos terrenos de nuestras mentes y nuestras realidades.

Te propongo descubrir este libro porque generar cambios individuales y sociales es un arte que tiene a la palabra como principal herramienta. En el cuadro del artista universal la palabra es el pincel que une la pintura (sustancia), la mano del artista (el creador) y la tela (la matriz) sobre la cual va a plasmarse lo nuevo. La palabra une el propósito con los recursos internos y las acciones que lo consuman. Te invito a pensar la palabra de una forma que nunca habías sospechado, descubrir potenciales sorprendentes que no sabías que tenías y producir juntos una evolución en nuestras conciencias.

I
EL SONIDO CREADOR

Es muy probable que la sociedad en la que vives nunca te haya enseñado cómo fue creada. Ni siquiera cómo puedes diseñar tus propios pensamientos, ni cómo generar la vida que quieres. Si quieres plasmar mejoras en tu vida y, además, entornos sociales óptimos, deberás entender cuál es el proceso a través del cual se produce el orden y la estructura de la existencia.

La importancia de la palabra está directamente relacionada con el propio proceso de creación y evolución del universo. Desde el inicio del lenguaje los mitos han sido un factor fundamental en la comprensión de la vida. *Mito* proviene del griego que significa «dicho» o «relato». Los mitos son las historias que desde tiempos inmemoriales el ser humano se cuenta para dar explicación y sentido a las cosas que le suceden. En los mitos se relatan hechos y explicaciones acerca del funcionamiento de la realidad, las fuerzas de la naturaleza y el orden del universo. Gracias a ellos las personas lograban sistemas de creencias comunes en torno a las cuales se organizaban y tomaban las decisiones fundamentales que sustentan el funcionamiento de la sociedad.

Los mitos son, por ende, los conjuntos de palabras en base a las cuales se genera el orden y la coherencia en la mente de las personas, y dan como resultado el orden y la coherencia en las prácticas comunes de sus sociedades. Estamos hablando nada más y nada menos que del factor primordial que moldea la percepción de la realidad del macrocosmos externo en comunión con el microcosmos interior de cada persona.

Algo sumamente sorprendente es que en la mayoría de los mitos y leyendas mundiales, tanto antiguas como modernas, se relatan patrones en común, coincidencias atemporales en la manera en que cada cultura relataba el funcionamiento del universo. Al revisar los mitos de culturas alejadas miles de kilómetros en el espacio y miles de años en el tiempo, una de las principales coincidencias aparece en el hecho de afirmar que la fuerza creadora primigenia tuvo que utilizar un elemento en particular para generar las formas del universo: la vibración y, más específicamente, el sonido.

Los griegos usaban el término *logos* con diversos significados. Los principales eran «palabra», «verbo» e «inteligencia creadora». La Biblia ha sido el libro más impreso y difundido en la historia de la humanidad y ha sido constituido por la unión de una larga serie de relatos de miles de años de antigüedad. En el *Evangelio de Juan*, donde se relata la creación del mundo, dice: «en el principio era el *logos* y el *logos* estaba en Dios, y el *logos* era Dios» (*Juan* 1:1). En el libro del *Génesis* encontramos: «Dios dijo hágase la luz y la luz se hizo» (*Génesis* 1:3). El hinduismo nos dice que en el principio la fuerza creadora utilizó la palabra *Om* para generar todas las formas: «*Brahamanaspati*, el señor de la palabra sagrada, como un herrero, los forjó juntos. En la primera edad de los dioses la existencia surgió de la no existencia». El *Popol Vuh*, libro de relatos tradicionales sagrados de los mayas, cuenta del inicio de los tiempos que «Dios corazón de cielo creó todo a través de su palabra».

No solo de la mitología y la teología podemos extraer grandes develaciones al respecto. La cimática es una rama de la ciencia que estudia la influencia de las vibraciones en la formación de estructuras en la materia. A través de cientos de experimentos que son fácilmente reproducibles, ha quedado evidenciada una propiedad física muy importante: la vibración transforma la materia. Diferentes sonidos causan que las moléculas en estado sólido, líquido, gaseoso y plasma se reorganicen transformando la estructura de aquel material, variando sus dinámicas y geometrías.

Esos inicios nos guían a prestar especial atención a las palabras que usamos, ya que son el inicio de un universo y la condensación de múltiples posibilidades que una vez invocadas comienzan su proceso de manifestación. Por eso, pretender transformar el mundo, vivir en una «sociedad mejor» y tener comunidades prósperas sin prestar atención al factor clave de las palabras desde las cuales generarás esa realidad es una muestra de desconocimiento de los principios universales. Principios en base a los cuales funciona el ser humano y, por ende, sus creaciones. Y es más peligroso aún, dado que desentenderte de la importancia de esos factores, a la vez que te imposibilita entender desde dónde llegaste al estado actual, te impide también tener en claro hacia dónde estás avanzando.

Ciertos experimentos arrojan como resultado que si, por ejemplo, preparas un recipiente con agua en estado natural y le pronuncias palabras que relacionas con armonía, al congelar el contenido sus moléculas forman cristales con geometrías armónicas y estéticamente bellas. En cambio, si pronuncias otras relacionadas con caos, los cristales resultantes forman patrones caóticos. Ese efecto simple y sorprendente nos recuerda que el mismo material produce resultados diferentes según las palabras que uses hacia él.

Si piensas en el hecho de que el 90% de tu cuerpo y el 70% del planeta Tierra están constituidos de agua, verás rápidamente un sentido en aquellas historias que aseguran que el sonido tiene injerencia directa en la formación del mundo.

Como seguramente sabes, a través de palabras los hipnotistas pueden conducir a las personas a estados de trance profundo. Desde ahí pueden hacerse conscientes de aspectos de su memoria y su mente que desconocían e incluso activar capacidades sorprendentes tales como niveles extraordinarios de resistencia al dolor, fuerza física y agilidad. Así mismo, líderes sobresalientemente efectivos han cautivado a las masas a través de sus palabras, generando estados que podríamos equiparar a trances hipnóticos colectivos. Consiguieron así impulsar reacciones sociales violentas y disruptivas que esas personas normalmente no realizarían.

Las palabras pueden alterar los estados de conciencia, la manera de interpretar los acontecimientos y, a la vez, transformar directamente la materia de la que está hecho el universo. Aprender a usarlas conscientemente es una responsabilidad y una gran oportunidad para todo aquel que esté dispuesto a transformar su mundo.

La trinidad y la palabra

Si quieres transformar tu realidad y la del mundo, deberás comenzar por preguntarte qué es la realidad y cuál es la vía a reconocer de si algo es real o no.

La propia etimología de **realidad** nos da las claves. Esta palabra proviene del griego *res* y *realis* (que remiten a las cosas, la naturaleza, las propiedades). A su vez si indagamos más en esos conceptos encontraremos que **cosa** significa «causa» (el principio que motiva la acción) y **naturaleza** deriva del verbo latino *nasci* («nacer») que indica que lo natural es el proceso a través del cual las cosas nacen. Así podemos discernir que la realidad no solo está conformada por los objetos físicos, sino también las causas y procesos por los cuales las cosas aparecen y las observamos de una determinada manera. Dicho en otros términos, la realidad es la conjunción de lo surgido y aquello que lo hace surgir, lo creado y el creador, lo observado y el observador, todo ello sumado al proceso intermedio que lo hace posible. Es el «desde dónde», el «hacia dónde», y «por dónde».

¿A qué prestar atención para entender si algo es real? ¿Qué parámetros nos permiten medir y conmensurar que la realidad que procuramos está efectivamente existiendo? Muchos son los filósofos, lógicos y místicos que han indagado respecto a ello, como así también muchos y variados son los mitos que, a través de metáforas y simbolismos, nos enseñan los factores constituyentes de la realidad y sus dinámicas.

Al comparar dichos abordajes un patrón en común resalta a la vista: en casi todos los casos se relata que los factores constituyentes de la realidad son tres. En los relatos míticos y religiosos aparecen ejemplos como el padre, hijo y espíritu santo del cristianismo; Brahma, Vishnú y Shiva en el hinduismo; Horus, Osiris e Isis en el antiguo Egipto; protón, electrón y neutrón en la física; significado, significante y objeto en lingüística, etcétera.

El experto en lógica y psicoanálisis Jacques Lacan, luego de revisar los diferentes conceptos e investigaciones acerca del tema, sintetizó que la realidad se constituye en tres registros: real, imaginario y simbólico. Lo imaginario hace referencia a las imágenes y representaciones internas que tienen significado para nosotros en nuestro psiquismo. Lo real es comúnmente entendido como el terreno de la materia, la densidad de los objetos. Y lo simbólico es el terreno de la palabra, es el instrumento a través del cual anudamos nuestras representaciones internas del mundo con nuestra experiencia densa del territorio. Lo imaginario es el mapa, lo real es el terreno y lo simbólico es el medio a través del cual ambos se unen con sentido.

Esos tres registros están anudados formando lo que se conoce como «nudo borromeo». Si alguno de esos registros no está adecuadamente presente, todo el resto del nudo se suelta desbaratando la constitución de esa realidad. Entonces, para efectivamente afirmar que algo existe tenemos que generar y unir esos tres registros. Para que una sociedad armónica exista es preciso una representación imaginaria: una visión e idea. Seguidamente, los parámetros concretos de cuáles son los objetos materiales que constituyen esa sociedad. Y finalmente algo simbólico, una palabra que unifique todo aquello, el nombre que une y define esa realidad diferenciándola de todas las demás posibilidades.

La evolución y la palabra

Podrías llegar a pensar que ver esas cuestiones desde una perspectiva tan sutil y compleja es algo en lo que no cualquiera puede implicarse. Sin embargo, es algo más natural de lo que crees. Tú mismo has estado viviendo la influencia y las implicaciones de esos hechos aunque al principio no lo hayas notado.

Los casos conocidos de personas que crecieron sin conocer el lenguaje y las palabras han sido varios y sorprendentes a lo largo de la historia. Sobre todo porque todos han arrojado el mismo resultado y evidencia de lo que la ausencia de dicho lenguaje causa en los seres humanos. En todos esos casos el resultado fue que, alejados de la posibilidad del lenguaje a través de palabras y subsecuentemente de la posibilidad de asociar símbolos con significados y construirse una representación compleja del mundo, las personas actuaban como animales salvajes con comportamientos destructivos. Si un ser humano que no conoce las palabras vive como salvaje, ¿qué le pasa a una humanidad que no conoce las palabras?

Lo que llamamos *historia* —o sea, la conciencia de lo que ha ocurrido, lo que ha existido, la realidad de la cual venimos y, por ende, la perspectiva de quiénes somos— se comenzó a contar desde el momento en que el humano inventó los primeros símbolos y la escritura. Aquellos, asociados a sonidos, se convertirían en palabras. Gracias a esas palabras las personas comenzaron a comunicarse desarrollando redes sociales más complejas y profundas, contar relatos acerca de sus vivencias y explicaciones acerca de cómo funciona el mundo. Ellos son los mitos y leyendas, los dichos fundacionales que dan orden a las creencias, pensamientos, emociones y acciones de una población. Las palabras devenidas en mitos constituyeron el factor ordenador de la cultura, el propósito, la identidad, los valores, ritos y costumbres que estructuraron toda la organización social.

Posteriormente las personas se dieron cuenta de que así como podían usar la palabra para crear, también podían usarla para destruir y recrear el mundo. Cuestionando los paradigmas y mitos imperantes, e inclusive resignificando los relatos existentes y asociando los acontecimientos a otros significados, las construcciones psíquicas de cada sociedad fueron variando y modificando, a la vez, sus estilos de vida.

No estamos hablando de un factor más entre muchos que influyeron en nuestros avances evolutivos. El momento mítico en que la psique humana comenzó a simbolizar e inventó la palabra fue el salto evolutivo más trascendente de la humanidad, superando aún a la «invención» del fuego. No se trataba simplemente de un nuevo tipo de práctica o aplicación de conocimientos sino de un profundo y misterioso cambio en el nivel de conciencia, la emergencia de una propiedad inédita en la mente y, al mismo tiempo, en el universo psíquico conocido.

Considerando el nudo borromeo, cuando realizas un cambio en el registro simbólico aquello que imaginas y su incidencia en el campo real de tus relaciones materiales se modifica, conformando experiencias diferentes. De ese modo, así como la palabra es la herramienta creadora del mundo, es, por consiguiente, la recreadora, la herramienta transformadora de la realidad.

Sin embargo, las personas no dándose cuenta del funcionamiento de la realidad aún son objetos creados por el lenguaje. Cada humano forma su vida y su mundo a través de palabras cuyo significado desconoce, transmitiendo ideas que ellos mismos no han inventado y producen consecuencias que ni sospechan. Puedes reconocerte en ese lugar de objeto cuando te afectan las palabras que los demás te dicen, la forma como te llaman, la manera en que te describen, lo que dicen sentir por ti y lo que piensan de tus actos. Puedes reconocerte objeto cada vez que tu psiquismo reacciona automáticamente ante lo que alguien está pronunciando, generando emociones inevitables y repercusiones físicas de aquello que algún sujeto habla.

El siguiente gran salto evolutivo implica pasar de ser objetos creados por las palabras a ser sujetos creadores a través de las palabras. Vivir en conciencia del «desde dónde» vienen nuestras palabras y «hacia dónde» vamos con ellas. Comprender las ideas que están ocultas en cada palabra y las realidades en estado de semilla que sembraremos al usarlas.

Quien no logra crear nuevas palabras, nuevas frases ni nuevas estructuras lingüísticas, no puede producir pensamientos originales, innovadoras creencias ni acciones diferentes a las conocidas. Quien no transforma las estructuras de la palabra no transforma las estructuras del mundo. Cuando la humanidad no sabe hablar está salvajemente limitada por su propia ignorancia; cuando sabe hablar está civilizadamente limitada por su propio conocimiento; y, finalmente, cuando comprende las leyes que subyacían en sus palabras queda habilitada por su propia conciencia para ser lo que quiera ser.

La palabra es una llave

Toda puerta tiene su llave específica y única. Si no la encuentras no puedes acceder a esa habitación del espacio. Del mismo modo, si quieres acceder a un nuevo lugar de pensamiento, un nuevo paradigma, debes encontrar y usar la palabra específica que abra esa comprensión. ¿Cuál es la palabra que abre la puerta hacia aquello que quieres?

Por ejemplo, si quieres acceder a una experiencia de caricias y besos con tu pareja y le dices «te odio», el simbolismo de esa frase —seguramente— está anudado en su imaginario a situaciones y sensaciones dolorosas. Eso producirá como resultado actitudes concretas de rechazo en su cuerpo, que es lo contrario a lo que procurabas. Supongamos que te sientas en un restaurante y le dices al mesero:

—Por favor, tráigame algo.
—¿Algo? ¿Como qué?
—Comida.
—¿Qué comida?
—Una que me guste.
—¿Cuál le gusta?
—La que no tiene mucha sal.
—¿Por ejemplo cuál?
—Las verduras.
—¿Qué verduras?
—Las orgánicas.

La conversación podría continuar así eternamente y, a pesar de tu constancia, el mesero no conseguiría entender y proveerte aquello que quieres. Eso se debe a que no estarías usando las palabras precisas y específicas que generen una imagen con significado en la mente del mesero que le permita conseguir aquel objeto para brindártelo.

También existen llaves que son muy parecidas a la que estás buscando mas abren otras puertas similares, que, sin embargo, pueden conducir a habitaciones muy diferentes. Ejemplo de ello lo es el antiguo mito griego de Titono, que era un mortal hijo del rey de Troya. Eos, la diosa de la aurora, al conocerlo quedó profundamente enamorada de él. Para que pudieran estar juntos por siempre la diosa le pidió al dios Zeus que le concediera a Titono la vida eterna. El dios le otorgó exactamente lo que ella había dicho. El joven Titono no podía morir, pero al pasar los años comenzaron a darse cuenta de algo que les resultó sumamente sorpresivo, y es que él sí envejecía. Habían pedido la vida eterna mas no la juventud eterna, por lo cual su

9

cuerpo se deterioraba cada vez más hasta que su vida eterna se convirtió en una tortura. A eso podemos llamarle «desvío»: cuando tienes una idea orientada a cierta dirección mas usas palabras que no la describen fielmente o reflejan lo incoherente e incompleto en tu idea. De ese modo tu invocación desvía tu creación hacia otro rumbo que no era el pretendido. Así es que si no escuchas con atención lo que dices, ni eres consciente de tus invocaciones, puedes convertir el divino poder creador de las palabras en lamentables maldiciones.

En los ejemplos mencionados, tanto por la vaguedad de las palabras usadas como por la impertinencia de las mismas, comprensión de la idea y el resultado manifestado en lo denso no logran un punto de acuerdo. Aquello es como divisar la puerta que quieres atravesar y colocar continuamente la llave equivocada.

Como seguramente ya te has dado cuenta, las personas viven como hablan. Quien dice cosas incoherentes actúa de manera incoherente. Quien habla mórbidamente es quien vive en enfermedad. Quien habla con precisión obtiene lo que precisa. Quienes titubean al hablar titubean al hacer.

El arte de abrir puertas con la palabra, como todo arte, no se apoya en lo cuantitativo, sino en lo cualitativo. Mil llaves de arena juntas no logran lo que una de metal. No requieres mil palabras bonitas para abrir las puertas a una realidad bonita, sino las palabras justas que unan tu idea y tu resultado de forma precisa. Por eso con el presente libro procuro orientar para pensar desde una perspectiva mejor, más que enseñar mucho. Para crear un nuevo mundo se requiere crear una nueva palabra que describa aquello. Eso no significa necesariamente que agregaremos algo que no está presente ya en nuestras vidas, más bien implica que observaremos lo que ya tenemos desde una perspectiva en la que nunca lo habíamos observado y así veremos aquello de una forma nueva. Ese es el sentido de «realidad»: cambiaremos el enfoque desde donde miramos la cosa y veremos a la cosa diferente.

Existen juegos de niños pequeños que consisten en colocar piezas geométricas en cavidades que tienen la forma específica de cada pieza. En esos juegos si tú tienes un triángulo que apunta hacia arriba y el hueco muestra un triángulo apuntando hacia abajo, con un simple giro puedes convertir eso que ya tenías en aquello que estabas buscando. De esa manera la palabra creadora de un mundo diferente puede que ya esté en nuestro haber y somos nosotros quienes tenemos que darle un giro a nuestra conciencia. No es el mundo denso quien cambia para que los observadores cambiemos. Somos nosotros quienes al cambiar nuestra manera de ver cambiamos lo que vemos. Podemos entonces tomar la misma cantidad de palabras que ya poseemos y darles una cualidad superadora, enlazando los objetos mundanos a ideas divinas.

Los 4 pasos de la creación

Para acceder a las experiencias y cosas que te has propuesto es menester encontrar y usar las palabras específicas asociadas a dicha realidad o meticulosamente generar esas asociaciones. Mas ¿qué sucede si queremos acceder a experiencias y cosas que aún no existen? ¿Cómo le llamarías a eso de lo que aún nadie ha hablado? ¿Cómo le llamarías a eso que nunca has vivido, visto, olido, degustado o sentido?

Para responder esa pregunta tomemos como herramienta el nudo borromeo. Primero has de imaginar aquella cuestión y tomar noción de las características visuales, auditivas y kinestésicas que componen esa idea. Luego pensar en la forma concreta en lo real que tendrá aquella realidad, para lo cual es preciso que sea definida con límites, medidas y parámetros que constituyan esa idea como un objeto y experiencia particular, diferente a las demás posibilidades. Y finalmente anudar esos registros a través de una palabra, o sea, un símbolo cuyo significado esté asociado tanto con la imagen como con la cosa, con lo interno y lo externo.

Ese proceso es parte del camino de creación de la realidad. Un camino que siempre permanece oculto para aquellos que no han indagado en el funcionamiento de sus mentes, la materia y la vida. Ese proceso está codificado en los textos religiosos y espirituales, en las teorías científicas y, de hecho, en la vida diaria de cada persona. Es un camino natural y universal a través del cual se generan las cosas desde lo sutil a lo denso, desde la mente a la materia, desde la nada hacia el todo. Ese camino está implicado en cada cosa en el universo aunque muy pocos logran observarlo desde el lugar adecuado. Imagínalo como un sendero simple y eficiente atravesando un campo. Cada vez que creas algo en tu vida estás recorriendo ese camino, aunque en la mayoría de los casos las personas —y tal vez tú mismo— lo recorren durante las noches de la ignorancia, no siendo conscientes de sus etapas, desde dónde ingresan en él, hacia dónde les conduce ni por dónde es más eficiente avanzar.

Con el propósito de entender y aprovechar su eficacia decodificaremos ese camino de generación en 4 Pasos. Eso incluye la trinidad inicial que constituye lo que es real más el resultado que emerge de esa comunión. Has recorrido esos 4 pasos en tu vida infinidad de veces siempre que has logrado lo que te propusiste. Sin embargo, no eras consciente de ellos.

Aquello se expresaba a través de ti como una competencia inconsciente de la que no podías disponer a modo de herramienta cuando quisieras, ya que no habías reconocido que la tenías. Ahora, al hacerte consciente de ello, estarás «tomando en tus manos» aquellas fuerzas universales que siempre te han pertenecido.

Los 4 Pasos de creación son:

1- El propósito: es una imagen, una idea, una representación sutil de la posición que quieres alcanzar en el espacio-tiempo.
2- La palabra: es lo que ordena esa idea y como un puente la conduce hacia el camino a través del cual será manifestada en lo denso.
3- La emoción: es la energía que se pone en movimiento en uno mismo cuando una idea y una palabra se unen generando un significado y una dirección.
4- La acción: es el nivel de las formas densas que se crean y mueven para constituir el objeto procurado.

El Paso 1 es lo que tradicionalmente se ha considerado el mundo sutil, el cielo, el orden implicado y el plano de las ideas, mientras que el paso 4 es lo denso, la tierra, el orden explicado y el plano sensible.

La palabra es el factor crítico que determina hacia dónde fluye la creación. Es un puente que así como une, separa, dependiendo del modo en que lo uses. Según las palabras que uses el potencial será conducido en una dirección u otra, generando similaridad o una gran diferencia entre lo que te habías propuesto y los resultados que efectivamente consigues.

II
PALABRAS QUE CAMBIARON LA HISTORIA

Palabras orientales orientando con oratoria

Habiendo entendido esos poderosos principios, será prudente revisar la historia a la luz de esas develaciones, ya que si son ciertas, implicaría que deberíamos ser capaces de encontrar a lo largo de los milenios determinadas palabras que hayan generado cambios trascendentes en la evolución humana. Si efectivamente existen, es posible mencionarlas, señalar los momentos precisos en que fueron creadas y corroborar que hayan tenido influencia concreta en cuestiones densas en lo particular y a gran escala en lo social.

La cultura china es una de las más antiguas que aún perduran, con alrededor de 5.800 años de historia. Desde allí se ha producido grandes inventos que han influido fuertemente en el curso de las civilizaciones a nivel global. He ahí que encontramos una de las antiquísimas palabras que influyeron en la conciencia de la humanidad y sus organizaciones.

Aproximadamente en el siglo VI a. C. Lao Tsé acuñó la palabra *Tao* en el *Tao Te King*, un compendio de lecciones acerca de la sabiduría y virtud de la naturaleza. En él el *Tao* es normalmente traducido como «el camino», «la vía» e incluso «el método». Esa palabra hace referencia a el orden inmanente e inefable desde el cual todas las cosas fluyen y adquieren diversas expresiones.

Al inicio el taoísmo comenzó siendo transmitido como una corriente filosófica que fue ganando cada vez más influencia y relevancia en la antigua China. Posteriormente, durante el período de la dinastía Han (206 a. C. al 220 d. C.) fue adoptado como religión oficial de la nación y «el *Tao*» pasó a ser fundamental en las consideraciones y toma de decisiones en todos los paradigmas de la civilización, en cuestiones políticas, religiosas, económicas y técnicas.

Del entendimiento del Tao se desprenden otras palabras que han dado sustento a la filosofía, religión, misticismo y espiritualidad de oriente: el **Ying / Yang** (la dualidad) y el **Wu Wei** (la no acción).

En el siglo V d. C. el monje Bodhidharma viajó desde India a China para llevar el budismo. Fue entonces cuando conoció las enseñanzas del *Tao* e inició la unificación de ambas prácticas para formar otro de los grandes conceptos que a través de una palabra impulsarían la evolución de las concepciones humanas de la vida: el **Zen** (禪那 , *chánnà*). El significado antiguo de esa palabra (proveniente del sánscrito *dhyāna*) significa «meditación».

El *Zen* fue difundido con la práctica del *zazen* (meditación sentada) prolíficamente en Japón y muchas otras regiones de oriente. La enseñanza del *Zen* en esos territorios inspiró, entre otras cosas, el nacimiento de las artes marciales con diversas expresiones como las prácticas del templo Shaolin en China y las samurái en Japón, siendo un medio para mantener la buena salud corporal y fortaleza mental.

Dichas artes tuvieron enorme influencia en la cultura y la vida cotidiana de muchas naciones a través de sus códigos de ética, filosofías y costumbres que se aplicaban a la vida general de las personas, como así también en los balances de poder dentro de las comunidades. Condicionaron de forma determinante las fuerzas de combate de las naciones durante disputas internas y guerras internacionales, llegando muchos líderes como Vladimir Lenin a encargar el desarrollo de nuevas artes marciales (el **sambo**) para entrenar a sus ejércitos, tal como Corea realizó posteriormente con el uso del recientemente desarrollado **taekwondo** en el adiestramiento de sus soldados.

Por esa gran incidencia psíquica y física de aquellas disciplinas en la vida política, en muchos casos fueron prohibidas para evitar la posibilidad de revoluciones y disminuir el poder de facciones opositoras, como en el caso del **taekkyon** en Corea por parte de Japón (1910), el **bokotar** en Camboya

(1975) y las artes marciales en general de Japón por parte de los aliados luego de la Segunda Guerra Mundial.

Palabras que ordenaron la civilización occidental

Los antiguos griegos fueron posiblemente la cultura que más fuertemente influyó en la historia occidental en su forma de pensar y de organizarse. Por ende, es un buen campo donde encontrar grandes ejemplos de la palabras que transformaron el mundo.

Según Filolao y otros autores antiguos, Pitágoras fue el primero en usar la palabra *cosmos* para referirse al orden natural que existe en todo el universo. De allí se derivaría en latín esa palabra tan usada e imprescindible que es *mundo*.

Anaxágoras (500-428 a. C.)   introdujo por primera vez una palabra cuyos conceptos derivados constituyeron la base de la filosofía: la palabra *nous*, que significa «**mente**». Gracias a dicho término las personas pudieron comenzar a pensar en aquello que ordena nuestra percepción y entendimiento del mundo, introducirlo en sus conversaciones y usarlo para comprender el funcionamiento del universo. El *nous*/mente sería lo que regula el cosmos, poniendo en orden la realidad.

Mas inmediatamente luego de eso, gracias a poder pensar desde nuevos niveles con esas palabras, surgieron varias cuestiones inéditas a resolver y una de ellas fue: entendiendo que con nuestra mente percibimos la realidad y ordenamos nuestras vidas, ¿cuál es la forma correcta de usarla y actuar?

Fue del discípulo de Anaxágoras que la palabra precisa para ello surgió en una época y sociedades clasistas donde la esclavitud estaba aceptada. Alrededor del 440 a. C. Sócrates inició el uso de la palabra *ética* para referirse a la forma correcta de actuar. Gracias a eso los filósofos y personas de todos los ámbitos pudieron hablar y reflexionar al respecto procurando encontrar una verdad en común que les permitiera ponerse de acuerdo y, además de encontrar la corrección en sus propias vidas, lograr una forma óptima de convivencia social.

En el siglo V a. C. el historiador Heródoto mencionó por primera vez la *democracia*, una palabra inventada por los atenienses para describir una forma de gobierno en la que el pueblo tomaba sus propias decisiones sin depender de un rey o líder supremo. Ello constituiría un gran cambio para las naciones que habían estado siempre bajo tiranías y el yugo de los sistemas esclavistas.

En esa misma época en Roma surgió la palabra **república** (*res publica*) para describir la serie de actividades públicas o concernientes al pueblo. Gracias a ello cada integrante tuvo la oportunidad de comenzar a pensar en su implicación en cosas fundamentales que concernían a sus vidas y en las cuales tenían derecho a participar opinando, decidiendo y actuando. De ese modo podían concebirse como sujetos ordenantes de su sistema social y no como meros objetos ordenados por una pequeña élite hegemónica.

En el 380 a. C. Platón publicaría su obra *Politeia*, mejor conocida como *La república*, y unos pocos años después Aristóteles publicaría *La política* (Πολιτικα), obras a través de las cuales formalizarían el uso de la palabra **política** para describir la organización de las ciudades y los seres que en ellas habitan. Ese concepto sería fundamental para entender y planificar miles de años de la historia futura y la vida de miles de millones de personas.

La serie de palabras que venimos recorriendo ayudó a entender y hablar de cómo pensamos, cómo nos organizamos y cuál es nuestro papel dentro de la vida. En los años posteriores surgieron muchas expresiones que profundizaron el «moldeo» de los modelos de comprensión de la personalidad, motivaciones y costumbres de las personas.

En relación a eso, Hipócrates (460-377 a. C.) acuñó la palabra **humor** en su teoría de los 4 humores para explicar el funcionamiento del cuerpo biológico y la personalidad de la gente. Dicha palabra fue popularizada más tarde por personas muy influyentes como Galeno, Teofastro y Menandro. Hoy en día resulta muy difícil siquiera imaginar nuestras vidas cotidianas, conversaciones e incluso pensar en cómo estamos sin disponer de la palabra *humor* para ello.

Neologismos, nuevas lógicas para el mentalismo

Desde que René Descartes (1596-1650) inició sus distinciones entre el cuerpo y la mente definiendo los procesos de la conciencia, comenzó a prepararse fuertemente la emergencia de un nuevo término que modificaría el curso del entendimiento humano. Fue en el año 1751 cuando el jurista escocés Henry Lord Kames precipitó ese proceso, acuñando la palabra **inconsciente** para describir una situación que acontece a través de una persona aunque la misma no se dé cuenta de ello. Posteriormente en

Alemania a través de personas como Goethe y Sigmund Freud la palabra quedaría incorporada al campo del lenguaje colectivo.

El inconsciente tuvo una importancia trascendental en la psicología y en la cultura general, abriendo camino a una nueva manera de entender la propia mente, las motivaciones, emociones y acciones cotidianas, y a pensar a cada persona con un campo de profundidad superior.

Similar a ese caso existen muchos vocablos usados actualmente para el entendimiento fundamental de las conductas humanas que, a pesar de su corta edad, rápidamente se han incorporado en todos los ámbitos de la cultura e internalizado para la significación de nuestros procesos habituales.

Los artistas románticos alemanes del siglo XIX hablaban mucho de una especie de sentimiento o estado que experimentaban al observar, por ejemplo, un paisaje o una pintura. Se referían a un estado de conexión profunda con aquello, llegando a sentir la disolución de su propio sentido del yo para ser parte de aquello que estaban contemplando. Pronto desarrollaron una palabra para describir dicho estado: *einfühlung*.

Dicha expresión se popularizó y permaneció siendo propia del ámbito del arte y en 1908 un grupo de psicólogos la tradujo como *empatía*. Puede resultar sorprendente descubrir que esa palabra tan requerida para entender nuestras relaciones se comenzó a usar masivamente recién en la década de 1950 para describir nuestro sentimiento de entendimiento y afinidad hacia lo que otra persona está experimentando.

Existen otras palabras de joven uso comunitario que cobran más relevancia cada día siendo usadas para describir los problemas y necesidades de las generaciones actuales. Por ejemplo, la *resiliencia* comenzó a ser usada en 1973 en el ámbito de la ecología para describir la capacidad de los ecosistemas para recuperarse luego de perturbaciones en sus condiciones naturales. Sin embargo, permanecía siendo un término desconocido en la mayoría de los ámbitos. Fue recién en 1995 que se incorporó su uso a la psicología y ciencias sociales para hablar acerca del potencial y habilidad de las personas para sobreponerse a las dificultades que atraviesa. Hoy en día dicha palabra se ha vuelto de las más usadas en las conversaciones relacionadas a la salud y el bienestar.

Podemos encontrar muchos otros términos que están en boga actualmente tales como *procrastinar*, que significa postergar reiteradamente la realización de algo (1989), la *ambivalencia*, que refiere a sentir dos emociones o motivaciones contradictorias (1911), el *empoderamiento* como transferir la confianza y autoafirmación de las propias capacidades y autogestión (1960-1970) y la *asertividad* siendo la manera coherente, equilibrada y justa de comunicarnos y obrar sin perjudicar a otros ni vulnerar sus derechos (1940).

Mas también podemos entender que la invención y uso de nuevas palabras no solo habilita posibilidades de pensamiento, expresión y creación que antes no existía sino también que sirve para sintetizar y acelerar procesos de comunicación que, para ser explicados sin esos vocablos, requerirían largas e ineficientes explicaciones. Es así que muchas nuevas palabras llegan a nuestras vidas para simplificar procesos y condensar comprensiones mayores en tiempos y espacios menores.

Ejemplo de ello son neologismos del siglo XXI como *blog*, *hacker* y *meme*. Muchos de ellos se han vuelto herramientas verdaderamente importantes para experiencias de trabajo y desarrollo de proyectos, como *brainstorming*, *crowdfunding* y *nube*, como así también para comprender y resolver problemáticas sociales antes invisibilizadas o normalizadas, como el *workaholic* y el *bullying*. También muchas de esas palabras nos ayudan a orientarnos y entender la sociedad globalizada, sus costumbres y la variedad de personas con las que podemos cohabitar, como cuando hablamos de *hipsters*, *otakus*, *nerds*, *frikis* y *geeks*.

En la modernidad la humanidad creyó haber dejado atrás los mitos como base psicológica y programadora de la organización social y las formas de pensar el mundo. Sin embargo, los principios universales ordenadores de la realidad siguieron vigentes bajo nuevas formas y maneras de expresarse. Fue así que a mediados del siglo XX surgió una palabra destinada a explicar los procesos de las revoluciones científicas y con ello los cambios sociales aparejados. Estamos hablando de una palabra que hoy en día es fundamental para entender la posibilidad de realizar algún cambio notable en las formas de vida de la humanidad. Esa palabra postulada en 1962 es *paradigma*, formada por παρά («junto») y δεῖγμα («mostrar», «indicar», «patrón», «modelo»), de cuya raíz indoeuropea *deik-* vienen palabras como *decir* y *adjudicar*. En síntesis, un paradigma es un modelo basado en dichos que nos indica cómo es y/o debe ser la realidad. De tal modo podemos entenderlo como una «reencarnación» del mito, una serie de relatos inspirados en algún acontecimiento (en la modernidad experimentos) que las personas usan para darle sentido a la vida.

Una falta de palabra es una falta de realidad

¿Logras imaginar una historia del mundo en la cual nunca hubiera existido la palabra *política*? ¿Imaginas cómo sería tu vida si jamás hubieras tenido la palabra *empatía* para pensar tus relaciones? ¿Cómo sería tu nivel de conciencia y el de la sociedad si jamás hubiera sido nombrada la palabra *inconsciente*?

Los citados aquí han sido ejemplos entre las múltiples palabras mundiales que han precipitado procesos de profunda transformación y significado en la historia de las naciones. ¿Podrían esos conceptos haber sido expresados con otros sonidos o expresiones lingüísticas? Tal vez, pero inevitablemente debía existir una palabra, un «cuerpo» en el cual el «espíritu» de la conciencia significada se encarne para anudarse a la materia y con ese lazo modificarla.

Llegar a entender profundamente el significado de lo que estamos abarcando en este capítulo podría haber resultado muy lejano para la mayoría de las personas en la sociedad si no hubiéramos puesto luz y perspectiva sobre el asunto. Entender que palabras como *república*, *ética* y *mente* tuvieron que ser inventadas para que podamos acceder a esas experiencias —no solo como meros objetos, sino como procreadores de la realidad— implica un cambio en el entendimiento de nuestras propias posiciones actuales y el poder que tenemos para causar nuestros pensamientos, nuestra influencia social y con ello el futuro de la sociedad. Esas palabras trascendentales no estuvieron desde siempre allí. Hay quienes tuvieron que pensarlas, decirlas, escucharlas y difundirlas, dispensándolas al mundo como llaves con las cuales abrir nuevas puertas para la evolución de la humanidad.

Si no tienes una palabra que describa lo que quieres, no puedes pensar en proponerte aquello ni, por ende, dirigirte hacia ello, ni reconocer lo que has encontrado.

La mayoría de las personas que inventaron esas palabras no sabían que causarían una influencia tan grande en el resto de las percepciones colectivas y que cosas tan importantes de las vidas de miles de millones de personas serían imposibles sin poder contar con dichos términos. Eso puede invitarte a pensar que hoy —tal vez sin saberlo— puedes estar apoyando el surgimiento y la expansión de una nueva palabra ordenadora y así estar cambiando para siempre la historia del mundo.

19

III
EL COSMOS

Por lo general, hasta ahora en la historia de la humanidad han sido ínfimas las situaciones en las cuales se ha relacionado el tema de las palabras con algo tan abarcativo como el cosmos. Por ende, estamos ingresando juntos a un área prácticamente inexplorada de la realidad, un terreno nuevo en el pensamiento humano, lleno de posibilidades, lleno de cosas que aún no existen y que a la vez podemos hacer existir.

Como ya vimos, la palabra *cosmos* viene del griego y significa «**orden**». El universo tiene un orden, una serie de formas y patrones que se repiten como una constante en todos los niveles de la existencia. De ese cosmos fundamental se derivan todos los principios, fenómenos y dinámicas que existen, inclusive cada cosa que te sucede. Vivir ignorando ese orden es como estar ciegos, sordos y mudos intentando construir un edificio al que llamamos «nuestra vida».

Aunque no crean que ese cosmos es un principio eterno e inmanente en la constitución esencial de las cosas, cada persona sigue su propio patrón de pensamiento y comportamiento, una lógica desde la cual incluso tú mismo piensas y entiendes la realidad y cada una de tus situaciones. Todo lo que concibes como existente lo percibes a través de tu mente y sus lógicas. Por ende, ese orden mental está presente de forma general —o, mejor dicho, universal— y constante. A través de ese camino llegamos a la misma conclusión: que existe un cosmos omnipresente en base al cual la realidad está estructurada. Más allá de si ese orden está adentro o afuera, ese orden está. Estás en un cosmos que está en ti.

20

No es el propósito de esta publicación ahondar en cuáles son las formas del cosmos y sus leyes, sino primeramente poner en vista su existencia y su influencia en todo. Antes de conocer cuáles son los colores, es imprescindible entender qué es un color, ya que eso le dará sentido a lo demás. Del mismo modo, si un médico pretende operar, antes de aprender cuáles son los órganos del cuerpo es importante que entienda qué es un órgano, cuál es su constitución y su injerencia en la vida del organismo. Por ello, en el árbol de los conocimientos cósmicos es imprescindible adquirir primeramente las nociones profundas y precisas que constituyen el tronco en vez de ir con prisa hacia las ramas.

Sin embargo, mientras tanto podemos mencionar que muchos de los más grandes pensadores y místicos de la historia han abordado ese tema postulando diversas hipótesis, teorías y doctrinas al respecto. Maestros como Pitágoras y Platón ensayaron aproximaciones al cosmos basadas en las matemáticas y la geometría. Buda creía en un cosmos mental que puede ser develado a través de la contemplación mientras que Rumi exploraba el tema a través de la escucha y las experiencias de éxtasis místico. Otras enseñanzas que llegan hasta nuestros días son cuasi legendarias, como los principios herméticos enseñados por Hermes Trismegisto, contrastando con las teorías científicas modernas que pretenden explicar el cosmos a través del proceso de comprobación empírica.

Para llegar a abarcar áreas inexploradas del pensamiento es preciso primeramente formular suficientes preguntas, revisar la propia manera de pensar el tema y vaciar los preconceptos y presuposiciones acerca del mismo. Entonces, revisando lo que se entiende por cosmos, es preciso también preguntarnos qué es el caos.

El caos es la idea de que no hay orden, de que no hay armonía ni coherencia entre las partes de un sistema. Se basa en la creencia de aleatoriedad de los fenómenos que suceden, como si no hubiera ligazón entre ellos. Esa concepción mental de un universo naturalmente caótico ha dado como resultado la experiencia recurrente del caos en las sociedades humanas. A pesar de eso, las evidencias encontradas recurrentemente a través del estudio de la realidad, la mente y la materia muestran que todas las cosas están interligadas y son interdependientes. Cada una es la causa y el efecto de las demás siguiendo órdenes específicos y reconocibles, aunque de un nivel de complejidad tal que excede la capacidad de cálculo y mediciones humanas. Desconocer las causas que nos producen y los efectos que producimos ha sustentado las creencias humanas acerca de la existencia del caos. Sin embargo, el orden es demostrable mientras que el caos no. El caos no es algo concreto que esté en la configuración de las cosas, sino una percepción y sensación interna que surge de la incertidumbre y la falta de entendimiento del orden implicado en ellas.

De todas formas la idea del caos puede resultar muy útil. Siempre que en la historia de la humanidad las personas han detectado fallas en la coherencia de cómo se supone que deberían funcionar las cosas, dichas fallas han inspirado la creación de nuevos modelos, nuevos paradigmas, nuevas cosmovisiones más coherentes, precisas e inclusivas para entender el mundo, que a su vez han brindado nuevos frutos en forma de técnicas e inventos. Así es como una idea temporaria de caos nos conduce a ver un nivel de orden más profundo que no invalida el anterior, sino que lo hace más preciso y/o amplio.

Entendamos entonces el cosmos como el orden en base al cual se crea la realidad, que representa la máxima coherencia y armonía entre las partes, como así también la máxima eficiencia en referencia a la concreción de un proceso. A su vez el caos es una percepción psicológica desde la cual se desconoce o cuestiona ese cosmos, procurando encontrar fallas en la coherencia de un sistema que a priori se supone perfecto.

El ser humano y el cosmos

Desde que el humano piensa y se comunica ha intentado responder preguntas acerca de qué es ser humano, si es o no un animal pensante, si debemos considerarlo un objeto o un sujeto y cuál es la naturaleza humana. Algunos filósofos se han aventurado a afirmar que el humano es malo por naturaleza, otros que es naturalmente bueno y el sistema en el que crecen los corrompe. En cambio, otros pusieron la responsabilidad en cada uno diciendo que un humano es lo que hace con lo que hicieron de él.

Sin embargo, entre todas esas dialécticas que se relacionan con él, (bueno-malo, diabólico-divino, libre-esclavo, consciente-inconsciente) hay algo con lo que no es común relacionar a un ser humano. Prácticamente la totalidad de los humanos en la historia de la humanidad han vivido y muerto sin pensar la relación de la que estoy hablando. Tú mismo —probablemente— no has concebido relacionar al humano con aquello a lo que apunto con mis palabras y, en caso de que alguna vez lo hayas hecho, no has reparado profundamente en esa idea y lo que implica en la práctica. ¿Cuál es esa relación que ha estado ausente en las reflexiones de lo humano? Es la simple y poderosísima concepción de que el humano no existe como individuo aislado del cosmos. El cosmos no termina donde lo humano empieza. El universo no comienza más allá de la estratósfera. Cuando se habla de universo mucha gente piensa en las estrellas o dice que aquel es todo mas nunca se piensan a sí mismos universo. «Voy a dar un paseo en la naturaleza» dicen, como si no fueran ellos mismos naturaleza.

También es sorprendente descubrir que en ciertos contextos y corrientes de lo que se considera espiritualidad algunas personas dicen de sí mismos y los demás que son Dios, que son el universo, y, sin embargo, sus actos no reflejan esas afirmaciones. No viven como si fueran el universo: viven como humanos no interligados al universo, ni conscientes de ello mientras dicen que son aquel.

La mayoría de las ciencias y paradigmas que han pensado al ser humano no han considerado profundamente el hecho de que las personas emergen de un cosmos y que, por ende, cada uno de sus aspectos está implicado e indivisiblemente ligado a él. Es por eso que la ciencia actual aún desconoce y no comprende las funciones del 99% de nuestras mentes, el 99% de nuestro ADN, el 99% del espacio existente entre las partículas atómicas e inclusive el 95% de lo que hay bajo los océanos de la Tierra.

Para transformar el mundo es primordial entender cómo transformarnos a nosotros mismos, desde la base de qué somos, quiénes somos y cómo funcionamos. Un salto cualitativo en los paradigmas cosmológicos y sociales implica un modelo del ser humano que integre el funcionamiento universal del cual es parte y lo aplique a sus relaciones cotidianas.

La sociedad y el cosmos

Los mitos, paradigmas, creencias o, sintéticamente hablando, las palabras utilizadas en los sistemas mentales de la humanidad se han densificado formando las dinámicas personales y sociales conocidas. Tales dinámicas son las mismas que dan como resultado las formas en que las personas se relacionan, se alimentan, construyen sus edificios, trabajan, se transportan y mantienen sus cuerpos, como así también lo que hacen ante los conflictos y los sistemas usados para resolver problemas.

Por ejemplo, ante una sequía los integrantes de una tribu indígena le ofrecen sus danzas a los dioses para que hagan llover, gente en la ciudad compra agua embotellada e inventores o expertos en supervivencia usan dispositivos que condensan el vapor del ambiente para producir agua líquida. Los relatos que cada grupo tiene en su psique determinan hacia dónde se dirigen sus acciones.

Considera en otros ejemplos que ante una epidemia de una enfermedad algunas personas en la ciudad se dirigirían a comprar medicamentos o irían a un hospital, los chamanes prepararían pócimas a base de plantas curativas o realizarían rituales de sanación energética, y los rastafari permanecerían sin consumir cualquier sustancia o intervención que pudiera alterar el funcionamiento natural de sus organismos. En cada respectivo caso, las palabras de las teorías científicas, las leyendas ancestrales y la filosofía panafricana condicionan desde qué perspectiva esas personas entienden lo que ocurre y, por ende, cuál creerán que es la solución.

Sin embargo, ese factor ordenador —también podríamos decir cósmico— de la palabra direccionando y organizando subconscientemente las acciones individuales y dinámicas sociales suele ser ignorado, subestimado y/o mal entendido. Surgen de ello las dificultades que las personas experimentan a la hora de ponerse de acuerdo acerca cuáles son los modos óptimos de convivencia.

Valores y parámetros de importancia totalmente arbitrarios, surgidos de creencias incoherentes y personalidades autoritarias, han derivado en las leyes que rigen las sociedades humanas, las cuales no tienen correspondencia alguna con la manera en que se organizan las cosas en la naturaleza. El humano está constantemente queriendo superar la naturaleza de la que emergió sin siquiera haber comprendido sus principios. Industrias que generan productos de consumo masivo basados en materiales no biodegradables, e incluso ni siquiera reciclables con métodos tecnológicos, son un ejemplo de esa falta de conciencia acerca de los ciclos vitales, las dinámicas naturales y las consecuencias de esos estilos de organización.

Con decir eso no estoy hablando de simple ecologismo. Lo que planteo va mucho más allá de efectos inarmónicos en los elementos materiales de nuestro planeta. Piensa el entramado infinito de causas y efectos como una inmensa telaraña universal. Cada uno de tus pensamientos, palabras, emociones y acciones es un movimiento dentro de esa telaraña, que hace vibrar a todo el resto de la estructura. Esos patrones de vibración, así como la vibración de tus cuerdas vocales, forman un lenguaje, un lenguaje cósmico, y tu existencia es un mensaje que influye y afecta a todo lo demás. Cada una de las cosas que causas genera innumerables efectos en todo el universo.

Las sociedades humanas son como partículas adheridas a esa telaraña universal, desconociendo su diseño y funcionamiento. Al ignorar el cosmos simultáneamente ignoran los ciclos productivos de los seres, las claves del crecimiento y la extinción, los principios de la escasez y abundancia, los motivos de las catástrofes y los períodos de recurrencia de sus problemas, como así también el camino de generación de aquello que quieren.

Esas culturas son como un fruto que ignora el árbol del cual viene. Por eso no comprende su propio orden, sus potenciales ni sus propósitos. Ellas son así un reflejo a gran escala de la ignorancia de cada uno de sus integrantes acerca del cosmos y sus relaciones.

Sin embargo, seguramente mientras hablamos de sociedades sigues pensando en grupos de personas humanas que están próximos espacialmente. Miremos esa palabra desde otra perspectiva. Una sociedad es un conjunto de cosas, materiales e inmateriales, densas o sutiles, pequeñas o grandes, que están en relación entre sí. Basados en eso, las hormigas conforman sociedades, los mamíferos conforman sociedades, las plantas conforman sociedades, los planetas y estrellas conforman sociedades y las partículas subatómicas conforman sociedades. Tu propio cuerpo es una sociedad de células, tu mente es una sociedad de pensamientos y tus palabras son una sociedad de sonidos. Todas ellas y cualquier otra que puedas reconocer están interligadas siguiendo un orden. El cosmos es lo que permite que cada sociedad pequeña conforme una más grande, que a su vez conforma otra más grande aún, siguiendo un patrón armónico de interdependencia. Así logra que aquello que parece inmaterial y abstracto, como la mente, interpenetre e interdetermine lo material.

Reduccionismo y holismo

El **reduccionismo** es una corriente de pensamiento que procura virtualmente dividir las áreas de estudio de la realidad en secciones y estudiar específicamente las partes por separado, como objetos de estudio aislados del contexto y las dinámicas del todo. Eso produjo grandes vacíos en la comprensión de cómo se relaciona cada área del conocimiento con las demás. La mayoría de los biólogos ignora las fuerzas físicas que obran en la propulsión de un animal, los psicólogos y geólogos ignoran el efecto que tienen nuestros pensamientos en el electromagnetismo del planeta y los sociólogos ignoran la relación que existe entre el estado de las estrellas y la prosperidad de los pueblos.

En muchas culturas del pasado todos los tipos de saberes estaban unificados procurando una visión holística del mundo. La palabra *holístico* está compuesta de **holos** que significa «todo». A diferencia del reduccionismo, el cual se enfoca en supuestas partes independientes, el holismo procura ver el todo enfocándose en las relaciones generales entre las cosas.

Es preciso mencionar que Aristóteles había preparado las bases para esa comprensión en sus reflexiones en *Metafísica*, donde afirmó que «el todo es mayor que la suma de sus partes». También Isaac Newton (1627-1727) fue un precursor que creía en que «la unidad en la variedad, y la variedad en la unidad es la ley suprema del universo». Curiosamente, a pesar de ese enfoque de dos de los principales referentes de la ciencia la comunidad y las teorías científicas siguieron avanzando cada vez más hacia enfoques reduccionistas, sin haber comprendido el «desde dónde» los «padres de la ciencia» y mayores científicos teóricos habían realizado sus más grandes descubrimientos. Fue recién en 1926 con la invención de la palabra **holismo** que ese tipo de abordaje integral de la realidad quedaría anclado culturalmente y habilitaría su aplicación a diversas áreas de la sociedad en las décadas siguientes.

Podemos decir que ambos abordajes son útiles y han servido para diversos propósitos y alcances tecnológicos. Aun así, ninguna de esas perspectivas por separado es tan completa como ambas juntas. Decenas de siglos de holismo sin criterio y método ordenador derivaron en supersticiones inútiles y fanatismo hacia religiones y sistemas pseudoholísticos que encontraron su máximo apogeo en el oscurantismo de la Edad Media. Entonces apareció el reduccionismo científico con la promesa de que solucionaría esos problemas y nos ayudaría a saber la verdad objetiva y el funcionamiento real de las cosas. Luego de poco más de tres siglos de reduccionismo científico el planeta Tierra experimenta el estado de mayor contaminación ambiental de la historia, los seres humanos cada año sufren enfermedades o afecciones físicas nuevas que no saben cómo resolver y problemas básicos como el hambre físico y el sufrimiento psicológico no han sido resueltos a través de sus métodos. No solo eso, sino que mientras más investigan el funcionamiento de las partes del universo más perplejos quedan y menos comprenden. Cuando los físicos comenzaron a estudiar las partículas subatómicas pensaron que estaban a un paso de comprender el funcionamiento total del universo. Sorpresivamente, lo que sucedió fue lo contrario: los físicos cuánticos quedaron atónitos con los resultados de sus experimentos, sin dilucidar cómo se relacionaban los comportamientos del microcosmos con el resto de las leyes aplicadas a la materia a gran escala. Lo mismo ocurrió cuando los genetistas lograron la tecnología para mapear el genoma, lo cual prometía ser la clave de acceso a la comprensión del orden del cuerpo humano y la respuesta a las causas de todas las características de una persona, incluidas sus enfermedades y curas. Enorme fue la sorpresa cuando descubrieron que la cantidad de genes que poseen los humanos no son suficientes para explicar ni siquiera el 2% de las particularidades de la vida humana.

Así como el holismo practicado en la historia ha sido una vía para divagar en generalidades, el reduccionismo ha sido una vía para atascos en particularidades. Tal como esas maneras de pensar la existencia han sido inspiradas y promovidas a través de la palabra en relatos y enseñanzas, es momento de usar la palabra para generar una nueva manera de abordar el conocimiento y la experiencia en la vida del universo. Una palabra que aproveche las polaridades, resuelva las dicotomías inútiles y corrija las contradicciones de las perspectivas de antaño. Una palabra que habilite pensar lo particular y lo general en sincronía, comprendiendo y aprovechando la correspondencia del individuo con el universo del que emerge.

Relaciones cósmicas

Un verdadero cambio de era en las mentes y cuerpos de la humanidad implica aprovechar todos los recursos de información, guiados por un orden de referencia que ayude a organizar esa información de manera coherente y armónica —tal como el sistema operativo de una computadora—, y a raíz de eso producir sociedades igualmente coherentes y armónicas. Ese orden debe ser inclusivo, que nos permita comprender la relación entre lo pequeño, lo mediano y lo grande; entre el interior —el observador— y el exterior; entre lo mundano y lo sagrado, lo espiritual y lo material. Por ende, las dinámicas, leyes y principios de ese nuevo mundo ya no pueden ser concebidas como relaciones humanas, económicas, políticas o lógicas sino como relaciones cósmicas y multiabarcadoras. Esas mismas leyes que se aplican para la convivencia social deben funcionar y ser útiles en el cultivo de las plantas, las dinámicas del clima, la construcción de un edificio, la salud de un ecosistema, etcétera.

Las relaciones cósmicas son todas aquellas mantenidas en conciencia y coherencia con los órdenes y leyes universales. Es ver la correspondencia que existe entre lo que ocurre en tus creencias y tus creaciones, entre lo que haces a los demás y lo que los demás te hacen, entre lo que ocurre en lo sutil y lo que se refleja en lo denso. En una relación cósmica usas todo el universo como espejo de ti mismo, un espejo a través del cual conocerte y comprenderte, como así también lo que aprendes de ti te sirve para comprender todo lo que te rodea.

Pero ¿cómo se llama esa manera de entender las relaciones cósmicamente? Para conceptualizar esa idea de interrelación y correspondencia universal precisaremos desarrollar una palabra que simbolice dicho modo de observar y experimentar la vida. Mientras esa palabra no exista ni sea utilizada, esa visión no podría ser comprendida y materializada.

IV
LA LLAVE ES UNA PALABRA

Llegó la hora de acceder a ese símbolo, un significante, una palabra que constituirá un puente hacia nuevas realidades y con ello la vía a un nuevo mundo. Los prerrequisitos que hemos ido clarificando que debe incluir son :

— lo general y lo particular;
— la relación entre ellos;
— el universo y el humano;
— el orden y lo ordenado;
— lo sutil y lo denso;
— lo nuevo y lo antiguo;
— lo implicado y lo explicado;
— la comprensión de lo antedicho;
— la noción de aplicación y disciplina;
— que no sea «anudable» a otras ideas no relacionadas.

Buenas ideas serían incluir términos como: universo, humano, creación, relación, vínculo, entendimiento, conciencia, etcétera. Sin embargo, la combinación de ellos podría ser fácilmente relacionada con ideas que no corresponden al presente propósito. Ejemplo de eso puede ser sumar términos: «universo humano» puede pensarse como algo que tiene que ver con la complejidad humana. En el caso de fusionar términos, *humaniverso* podría ser entendido como versos que escribe un ser humano. Del mismo modo, las combinaciones entre las palabras antes mencionadas no cumplirían con los criterios que precisamos conjugar.

Es por ello que conviene usar un término que cumple con los requisitos de ser particular, relacionado al universo, a lo sutil, lo implicado y lo aplicable porque hace referencia al orden de las cosas. Sí, la primer palabra que usaremos será ***cosmos***.

Seguidamente es preciso aprovechar una palabra que eficientemente cumpla con los demás criterios, implicando lo general, lo relacionado con los seres humanos, lo denso, lo explicado, la conciencia y la relación entre todo aquello. Por eso la palabra adecuada es ***socio***, de latín *socius* («compañero»).

Finalmente añadiremos algo que nos facilite entender que de aquello de lo que estamos hablando es una forma de entendimiento de las cosas, como así también algo que podemos aplicar y usar disciplinada y constantemente. Ese significante es la terminación ***-logía***, la cual proviene del griego ***logos***, que significa por igual «palabra», «observar», «mente» y «creación». Por ello está implícito que estamos hablando de una palabra que crea lo que está diciendo. A su vez aquel significante implica observar el funcionamiento de la mente y comprender que de la sociedad y el cosmos venimos y a las sociedades cósmicas vamos.

Mientras que *cosmos* y *socio* le aportan a la palabra una conjunción nueva, nunca antes usada en los campos del entendimiento, el término *-logía* es antiguo y bien conocido por la mayoría de las personas para indicar un campo del conocimiento y aprovechamiento del mismo.

Además, puedes notar que el cosmos puede entenderse como algo particular, un orden específico ubicable en un espacio-tiempo determinado, mas a la vez es algo general que está en todas partes por igual. De igual manera la sociedad puede ser algo particular, una cosa, un contexto específico, a la vez que es algo general que integra la totalidad de sus participantes, pudiendo ser incluso la totalidad del universo.

Por ende, esa palabra especial, esa llave, ese puente, esa vía a una nueva era construida de uno en uno en armonía con el orden del universo es: ¡***cosmosociología***!

Esas propiedades tan especiales que reúnen los componentes léxicos de *cosmosociología* logran trascender incluso la lógica dual (lo general y lo particular) y funcionar con una lógica moebiana en la cual cada concepto conduce al otro, en apariencia diferente y en esencia igual. La sociedad y el cosmos están uno dentro del otro desde siempre.

¡Felicitaciones! Hemos llegado juntos a discernir la palabra fundamental que anudará la visión de un nuevo mundo en armonía plena a su realización, el puente que conecta la virtud cósmica deseada con aquello que la humanidad en su conjunto nunca pudo lograr, la llave especial y perfecta que abre esa puerta hacia la nueva era: *cosmosociología*.

Qué no es la cosmosociología

Habiendo recorrido un gran camino para lograr sublimar conceptos y producir un nuevo fruto en el árbol del lenguaje, llega ahora el momento de avanzar en la definición e implicancias más profundas relativas a la cosmosociología. Para ello primero es inexcusable la tarea de distanciar ese concepto de aquellos otros que por razones antes mencionadas —y algunas otras— no reflejan el verdadero significado y propósito evocado.

Cosmosociología no es una corriente filosófica, una religión, una ciencia, un movimiento social, institución política, sistema, método ni un modelo.

No es una corriente filosófica porque no es meramente un «amor a la sabiduría», como su etimología la define, ni sigue exclusivamente el camino de reflexión y construcción del saber que caracteriza a la filosofía desde Platón.

No es una religión porque las religiones, como su propio significado lo muestra, pretenden religar a las personas con Dios, mientras que la cosmosociología no concibe a la fuerza creadora y el factor ordenador del universo como algo aislado del humano a lo cual deba religarse.

No es una ciencia porque considera al método científico como uno entre todos los posibles métodos de aprendizaje y aplicación de conocimientos, y no es necesariamente el más eficiente.

No es un movimiento social humano como convencionalmente se los entiende porque existe más allá de la cantidad de personas que la apliquen y su significado no solo tiene que ver con un fin en común que un grupo procure sino también con el reconocimiento de las leyes y el orden universal que actúan en el proceso. Esa perspectiva ha de ser lograda de uno en uno y no es algo que una simple coordinación de personas puedan proveer.

No es una institución ni ideología política, ya que la idea y aplicación que promueve no solo está orientada a la organización de la *polis*, sino del universo como un todo.

No es un sistema en sí mismo, sino una manera de abordar cualquier sistema para comprenderlo, aprovecharlo y transformarlo.

No es un método porque no precisa una estructura única para llegar a la consumación de su idea y propósitos.

No es un modelo porque no tiene una forma única. Es la fuente desde la cual se pueden generar múltiples modelos de comprensión, enseñanza y aplicación.

Aunque la cosmosociología no es una corriente filosófica, se sirve de las mismas. No es una religión, mas puede aprovechar las virtudes y fallas de ellas para vivir cosmosociológicamente. No es una ciencia, mas las integra junto a sus inventos, a la vez las transforma y evoluciona para que sirvan armónicamente a las sociedades. Aunque no es un movimiento social ni institución política, puede inspirar a los ya existentes para alcanzar nuevos niveles de conciencia y logros, como así también para crear nuevos tipos de instituciones basadas en comprensiones cosmosociológicas. No es un sistema o método, mas es fundamental para crear y utilizar los ya conocidos de una manera superadora con respecto a todas las que hubieron antes. Y aunque no sea un modelo, las personas y sistemas en general que apliquen la cosmosociología pueden convertirse en modelos de referencia para las sociedades.

En caso de que miles de personas vean y experimenten sus vidas desde la perspectiva de la cosmosociología y que esta sea considerada una verdad enseñada en instituciones oficiales de la sociedad —o heredada inconscientemente como un sistema de creencias que constituyen un paradigma de apariencia cosmosociológica—, eso no significa que la cosmosociología sea un paradigma o un sistema de creencias independiente de la práctica y de lograr los resultados cósmicos que evidencien la aplicación de lo que en dicho paradigma se enseña.

La cosmosociología no es únicamente una experiencia intelectual, sino también vivencial y experiencial. No es información desligada de la formación. No es creencia incoherente con respecto a la creación. No es idea independiente de la acción.

Qué es la cosmosociología

La cosmosociología primeramente es la palabra que unifica en sí la idea de que todo lo que existe está conectado siguiendo los mismos patrones de orden y leyes naturales, inclusive el ser humano y sus sociedades.

Seguidamente la cosmosociología es una manera de ver y entender la realidad, el universo, la vida, desde la perspectiva de que los seres humanos también son el universo y que sus leyes, por ende, están presentes en cada situación de sus vidas.

La cosmosociología es, a su vez, la disciplina que lleva a la práctica dicha visión y palabra, usando conscientemente las leyes del universo para que cada uno logre sus propósitos de vida de forma eficiente, armónica y coherente con el resto del universo.

La puerta

Las puertas son objetos maravillosos. Tienen la propiedad de ser dos cosas opuestas al mismo tiempo. Son entradas mas también son salidas, según desde dónde las veas. Y vistas desde la cosmosociología, además, son algo más: son una oportunidad, la oportunidad de algo diferente. Llegamos al umbral que puede constituir la salida del presente texto y la entrada hacia una nueva experiencia de vida. Ahora tienes en ti algo que antes no tenías. Tienes una palabra, un sentido, un significado; tienes una llave y un «desde dónde» usarla. Cuando uses la llave cosmosociología, todas las puertas que abras serán las puertas de entrada a los misterios del universo.

Mas es imprescindible no perder de vista que ninguna llave se acciona sola. Ninguna palabra mágica logrará maravillas si no hay un mago usándola. Aún una flecha de oro y diamante acertará o no en el blanco según lo que el arquero haga con ella. Aquellos mejores instrumentos nos invitan a ir más allá de los antiguos límites donde lo anodino era suficiente. El utensilio creado para las empresas de los dioses brillará en la medida en que exista el héroe que decidido e implacable avance hacia propósitos divinos.

Quién eres, quién vas a ser y a dónde te diriges son las cuestiones que en la puerta determinarán si estás entrando o saliendo de una realidad, hacia algo nuevo y diferente.

La clase de preguntas que ese héroe formularía son: ¿cuál es específicamente el orden del universo? ¿Cuántas y cuáles son las leyes universales? ¿De qué maneras esas leyes influyen en mi vida? ¿Cuál es el proceso para aplicarlas en mejorar mi realidad? ¿Los grandes líderes de la historia conocían las leyes del universo? ¿Ellos vivían la cosmosociología? ¿Qué hicieron para ser tan efectivos en todo lo que se propusieron?

Cada día, cada situación es la oportunidad perfecta para descubrir sus respuestas. El cosmos es un lenguaje omnipresente que cualquiera puede entender si mira desde el lugar preciso. La cosmosociología es ese desde dónde. Allí la virtud de las grandes conciencias cósmicas siempre estarán contigo porque somos compañeros en la gran sociedad universal, somos escritores de mundos nuevos, trovadores de la eternidad, cosmosociólogos de la existencia.

Cuántas cosas no habrían sido pensadas, cuántas no habrían sido dichas, cuántas no habrían sido vividas si no hubiéramos inventado esa palabra, esa palabra con la cual cambiamos el universo para siempre.

ANEXO I:
HISTORIAS DE LA PALABRA # I

Las historias ayudan a imaginar, realizar asociaciones entre ideas, ver las situaciones desde diferentes perspectivas y sentir conexión con aquello que uno piensa. Siendo coherentes con esa comprensión, seguramente puedes pensar que sería bueno desarrollar una historia que incluya aquello que estamos hablando y que ayude a integrar los aprendizajes realizados.

Un sonido para reconocer el universo

Existía una vez un orden maravilloso en un universo llamado «Cosmosociología». Había logrado un diseño tan magnífico que cada una de las cosas que existían en él encajaban y se sincronizaban hermosamente en una armoniosa danza de formas majestuosas.

Llegó un momento en la evolución de Cosmosociología en que quiso avanzar hacia un nuevo nivel de existencia mas se dió cuenta de que algunas de las partes de su cuerpo estaban adormecidas, como cuando una de nuestras extremidades se entumece y no podemos moverla. Entonces comenzó a prestar atención a cada uno de los seres y sociedades que lo componían y se dio cuenta de que ninguno de ellos sabía quién era. No comprendían que eran parte de ese gran cuerpo ni se daban cuenta de la belleza que habían creado juntos.

El universo se propuso entonces recordarle a cada una de sus sociedades su nombre, aquel nombre que los describía e incluía a todos en una misma identidad. Comenzó enviándoles ideas, sueños y visiones a muchos de sus seres para que imaginaran la grandiosidad de la que eran parte. Algunos de ellos eran personas que luego de ese contacto fueron llamados «místicos». Ellos intentaron con los recursos de los que disponían comunicar al resto de las sociedades el mensaje que habían vislumbrado. Algunos usaron las palabras que conocían y escribieron poemas, otros combinaron sonidos e hicieron música y otros pintaron imágenes. A pesar de eso, la sociedad seguía sin entender en profundidad lo que estaban señalando. De hecho, ellos mismos nunca terminaban de entender lo que les había ocurrido y le llamaban a esa experiencia un «misterio».

Mas en algún momento la belleza del cosmos dio lugar al avance. Así como muchas partículas de vapor se combinan y condensan formando una gota de agua, muchas reflexiones, ideas, imágenes y palabras en la historia de la humanidad se condensaron haciendo que emerja en la mente de algunas personas una palabra. No cualquier palabra, sino que el mismísimo nombre del universo. Algunas de esas personas que accedieron a esa verdad no entendieron su sentido ni su importancia y lo olvidaron. Sin embargo, un día alguien pronunció la palabra y escuchó, escuchó profundamente y comprendió. Desde ese día difundió el grandioso nombre del universo, esa palabra que les recordaba a todos su verdadera identidad.

A lo largo de los primeros años algunas pocas personas se dieron cuenta de la importancia de esa palabra, esa idea y su reflejo en lo material. Ellos fueron los primeros en sumarse a difundir la palabra. Posteriormente muchos otros se enteraron y sintieron que lo que estaban escuchando era cierto, tenía sentido, tenía coherencia. Algunos se prepararon y se abocaron a facilitar al mundo la comprensión de qué es Cosmosociología. A ellos les llamaron «facilitadores». Otros se llamaron a sí mismos «conectores» y se encargaron de conectar a las personas que tenían recursos útiles con aquellos que podían aprovecharlos para cosmikear la sociedad. Quienes más profundamente habían entendido a Cosmosociología y evidenciaban esa comprensión viviendo en sorprendentes niveles de armonía y sincronía con el universo —aplicando sus leyes— fueron llamados «referentes». Cuando los demás se sentían confundidos o no lograban ver el orden implicado en una situación, prestaban atención y consultaban a los referentes.

Muchas personas escribieron libros, compusieron canciones y grabaron películas acerca de Cosmosociología para demostrar de formas estéticamente atractivas y bellas la armonía de la cual eran parte. Cientos de organizaciones de todo tipo al enterarse de las virtudes de vivir en Cosmosociología aplicaron las leyes del universo a sus propios sistemas. Seguidores de diversas religiones, filosofías y corrientes espirituales al enterarse de Cosmosociología se dieron cuenta de que no invalidaba la sabiduría propia de sus doctrinas, sino que las profundizaba, ampliaba y clarificaba aún más, por lo que decidieron practicar las guías de Cosmosociología para dar precisión y coherencia a lo que ya hacían. No fue necesario intentar convencer a alguien, ya que cada quien a sus propios ritmos y con sus propias maneras fueron reconociendo quienes eran.

Llegó el momento en que el planeta completo recordó quién era y juntos, conscientes de su identidad, avanzaron hacia el siguiente nivel de evolución. El universo Cosmosociología estaba despierto, creciendo y disfrutándose a sí mismo, desde cada uno de sus seres. En su propio nombre estaba la clave para brillar, para variar, para ser mejor, porque no era cualquier nombre. Era la gran palabra, la palabra que cambió el universo.

. . . .

Esa historia nos sirve para imaginarnos y pensarnos a nosotros mismos desde diversas posiciones y adquirir perspectivas más amplias y variadas respecto a la existencia y nuestras relaciones con ella. ¿Quién eres en la historia? ¿Te estabas pensando como un pequeño ser dentro de un vasto universo que procura evolucionar o acaso eras tú ese universo hablándoles a las células que te componen? Incluso puedes haberte posicionado como un mero observador externo al proceso de dicha comunidad.

Sea cual sea la posición que elijas adoptar, hay algo que aprovechar de aquello: reconocer las partes que integran una historia es poner luz en lo que antes estaba velado. Usar un símbolo que nos ayude a reconocernos conectados —componentes y compuestos de un mismo orden— es un camino hacia el acuerdo y la armonía consciente con el todo. Un mismo sonido, un mismo brillo, una misma danza sincronizando la multiplicidad de la vida.

ANEXO II:
EL PRESENTE Y FUTURO DE LA COSMOSOCIOLOGÍA

La palabra *cosmosociología* está siendo difundida y conocida en todo el mundo, así como sus ideas relacionadas y las acciones y resultados que surgen gracias a su uso y aplicación.

Al conocer la palabra y entender su significado, cualquier persona puede reflexionar desde sí misma todas las implicancias que eso tiene en múltiples niveles y establecer relaciones intelectuales, emocionales y materiales en base a esa manera de ver el mundo.

Se están generando espacios de reflexión cosmosociológica donde las personas, niños, jóvenes y adultos, descubren, construyen en conjunto y comparten sus entendimientos de su interrelación con el cosmos y las leyes del universo implicadas en sus vidas.

Paulatinamente se van conformando instituciones y contextos de aprendizaje que dan clases acerca de las relaciones y aplicaciones cosmosociológicas que han logrado diversas personas en la historia.

Internacionalmente empresas, ONGs y otros tipos de organismos aplican las leyes del universo y el orden universal a su propia organización y dinámicas internas para maximizar el bienestar y los resultados armónicos en sus propósitos.

Con la autoimplicación y autodisciplina de miles de personas cosmikeando el mundo, es posible vislumbrar familias, comunidades, ciudades, países y otros organismos multinacionales fomentando la comprensión, el estudio de las relaciones cosmosociológicas y las prácticas que conscientemente aprovechen las leyes del universo para el beneficio de los propósitos personales y comunes.

Quienes más profunda y precisamente comprendan las relaciones cosmosociológicas y las apliquen coherente y efectivamente consiguiendo resultados acertados y evidentes en sus vidas, han de ser considerados referentes cosmosociológicos brindando su guía, herramientas y asesoramiento a quienes precisen cosmikearse más y mejor. Además, se encargarán de recordarle a la sociedad que la comprensión y aplicación de cosmosociología es algo que se hace de uno en uno, momento a momento.

Printed in Great Britain
by Amazon